EU NUNCA FUI AO BRASIL

Ernst Jandl

das obras
Laut und Luise
Idyllen
Ottos Mops Hopst
Vom Vom Zum Zum

seleção & tradução
Myriam Ávila

não fui not yet
ao brasil
pro brasil
eu uuld laik to go

- **9** Da tradução
- **11** Lauto e laxo [de Laut und Luise]
- **59** Idílios [dos Idyllen]
- **125** O totó do Otto [de Ottos Mops hopst]
- **141** De de pra pra [de Vom Vom Zum Zum]
- **149** Entrevista [... uma crueldade que não fere...]

Da tradução

Conheci a poesia de Ernst Jandl nos anos 80 e durante mais de uma década sonhei em poder trazê-lo em pessoa ao Brasil, sem que os meios estivessem ao meu alcance. Essa vontade era instigada em parte pelo poema "Calipso", no qual o poeta austríaco se queixa de não o terem nunca convidado a conhecer nosso país. Em 2000, com a sua morte, vi que ele só poderia vir em forma de texto.

Publiquei uma pequena amostra de poemas do livro *Idílios*, inéditos em português, em 1999, na revista *Orobó*. Ao longo do tempo, fui acrescentando novas traduções, cada vez menos frequentemente, até que a editora Relicário me pediu que preparasse um volume com uma seleção mais expressiva da obra de Jandl.

A escolha dos poemas deste volume é de minha inteira responsabilidade e seguiu em parte o critério da traduzibilidade, já que certos jogos linguísticos baseados muitas vezes na pronúncia do alemão austríaco eram praticamente impossíveis de reproduzir. Outro critério foi aproveitar as traduções que eu já havia feito, razão pela qual há um predomínio de poemas de *Idílios*. E, por fim, segui meu próprio gosto, muito pautado pelo prazer em traduzir poemas rimados.

No poema "Sonatina", procurei reproduzir o sentido que a performance vocal de Ernst Jandl (disponível em vários sítios da Internet) lhe empresta e que não é tão evidente no texto. Em "O totó do Otto", tentei repetir o mais frequentemente possível a vogal "o", sem poder, no entanto, manter a exclusividade que caracteriza o original. Em muitos poemas, exigências da forma obrigaram-me a usar vocábulos inexistentes no texto alemão, mas, a meu ver, sem alterar o sentido geral, que se perderia na tradução servil.

Minha opção como tradutora é tentar provocar um efeito o mais semelhante possível ao do poema original, mantendo o humor, o trocadilho, as assonâncias desses poemas que, quase sempre, eram pensados para serem oralizados. Só duas vezes acrescentei notas explicativas, coisa que prefiro sempre evitar.

A entrevista acrescida à antologia tem como objetivo familiarizar o leitor brasileiro com a poética e o universo de Ernst Jandl.

*A tradutora**

---

*MYRIAM ÁVILA é professora de Teoria da Literatura e Literatura Comparada na UFMG. Traduziu do inglês e do alemão livros de viajantes estrangeiros do século XIX no Brasil: *Três mil milhas através do Brasil*, de James Wells, *A província brasileira de Minas Gerais*, de J. J. von Tschudi e *Brasil, novo mundo vol.2*, de W. L. von Eschwege. Como ensaísta, publicou *Rima e solução – a poesia nonsense de Lewis Carroll e Edward Lear*, *O retrato na rua – memórias e modernidade na cidade planejada*, *Douglas Diegues por Myriam Ávila* e *Diários de escritores*. Traduziu e adaptou o conto infantil de Wilhelm Hauff, *O macaco como homem*. Publicou em periódicos traduções de poemas esparsos de Edward Lear, Ringelnatz, Ernst Jandl, Rilke e Günther Grass.

Lauto e laxo

MIT MUSIK

andantino

ein andantino schneidet sich ein stück wurst vom
finger und füttert damit seinen turteltauben hund.
wenn der turteltaube hund von geburt an ohne gehör
ist, nimmt er die speise dankbar entgegen, andernfalls
erinnert er sich bei ihrem anblick möglicherweise an eine
grammophonplatte. diese unannehmlichkeit kann das
andantino sich und seinem turteltauben hund, sofern
dieser ans grammophonspiel gewöhnt war, dadurch
ersparen, daß es den turteltauben hund vor der fütterung
umstülpt, die hündische turteltaube ist mit körnern
zu füttern.

COM MÚSICA

andantino

um andantino tira um bife do dedo e alimenta com ele seu cão mocho-mouco. Se o cão for surdo de nascença aceitará o alimento com gratidão, se não, pode lembrar-se ao vê-lo de um disco de gramofone. essa inconveniência pode ser evitada, tanto ao andantino como ao seu cão mocho-mouco, no caso de este ter o costume de ouvir discos, dando-lhe antes um virado do avesso. O mocho mouco-canino deve ser alimentado com sementes.

ohren im konzert

der pianist läßt seine finger in die flasche rinnen, die
ein klavier ist, und die flasche spritzt die finger als
kölnischwasser in die ohrengalerie. die ohren aber haben
keine feinen nasen. daher lassen sie das kölnisch-wasser
in die ohrenständer rinnen, die innen hohl sind bis zu den
plüschpolstern, auf denen sie als tiefe brunnen sitzen,
und gähnen einander in den mund.

orelhas em concerto

o pianista deixa os dedos correrem pela garrafa, que é um piano, e a garrafa espirra os dedos em forma de água de colônia na galeria das orelhas. as orelhas porém não têm bom olfato. daí deixam a água de colônia correr pelos pavilhões auriculares, que são ocos por dentro, até as almofadas de veludo, sobre as quais se assentam como profundas fontes, e bocejam na boca uma da outra.

calypso

ich was not yet
in brasilien
nach brasilien
wulld ich laik du go

wer de wimen
arr so ander
so quait ander
denn anderwo

ich was not yet
in brasilien
nach brasilien
wulld ich laik du go

als ich anderschdehn
mange lanquidsch
will ich anderschdehn
auch lanquidsch in rioo

ich was not yet
in brasilien
nach brasilien
wulld ich laik du go

wenn de senden
mi across de meer
wai mi not senden wer
ich wulld laik du go

yes yes de senden
mi across de meer
wer ich was not yet
ich laik du go sehr

calipso

não fui not yet
ao brasil
pro brasil
eu uuld laik to go

onde as uímen
são tão outras
tão mais outras
do que as outras

não fui not yet
ao brasil
pro brasil
eu uuld laik to go

já que entendo
um tan' de languages
quero entender também
a language do rio

não fui not yet
ao brasil
pro brasil
eu uuld laik to go

se me mandam
pr'além-mar
uai não me mandar
prond'eu uuld laik to estar

pois é me mandam
pr'além do mar
onde eu não fui ainda
é qu'eu uuld laik to estar

18

ich was not yet
in brasilien
yes nach brasilien
wulld ich laik du go

não fui not yet
ao brasil
pro brasil
eu uuld laik to go

KRIEG UND SO

        onkel toms hütte
         nkel toms hütt
          kel toms hüt
           el toms hü
            l toms h
              toms
           sssssssss
aaaaaaaaaaaaaaaaaaaa
              t
                o
              t
                o
                  m
              t

GUERRA E TAL

    cabana do pai tomás
        pai tomás
         ai tomás
         a tomás
       sssssssss
  aaaaaaaaaaaaaaaaa
          t
            o
        t
          o
             m
        t

die tränen
sind   d
              er
die tränen   ind
sind   erin
              derfr
die tränen   anzösi
sind   ndesmäd
              chensaus
die tränen   kölndersc
sind   hwarzengöt
              tinvomunter
die tränen   ennil

as lágrimas
são   d
as lágrimas ai
são   ndi
as lágrimas anad
são   afran
as lágrimas cesada
são   meninad
            oriodadeu
as lágrimas sanegradob
            aixonilo

DOPPELCHOR

sieben kleine geschichten

es war einmal ein mann, der hieß THOMAS. dieser beugte sein knie. »wie du dein knie beugst«, sagte die frau. »und ob«, erwiderte der mann, »es regnet weiß ich nicht.«

es war einmal ein mann, der hieß JAKOB. »entschuldigung«, sagte dieser zu der frau, »aber du bist schmutzig.« »wohin?« fragte die frau.

»nicht so hastig. nicht so hastig. nicht so hastig«, sagte die frau zu dem mann, der ZEBORIUS hieß. »hast«, erklärte ZEBORIUS der frau, »du mich lieb?«

es war einmal ein mann, der hieß NEPOMUK. diesen fragte die frau: »wieviel uhr ists? wieviel uhr ists?« »halb«, sagte NEPOMUK, »ich dir nicht gesagt du sollst deine finger davon lassen?«

es war einmal ein mann, der hieß THADDÄUS. diesen fragte die frau: »was für eine farbe hat es?« »grü«, sagte THADDÄUS bescheiden, »ßgott.«

»warum denn? warum denn? warum denn? warum denn?« fragte die frau den reichen JONATHAN. »damit«, gab der reiche mann zur antwort, »kannst du nicht umgehen, frau.«

es war einmal ein mann, der hieß PETER. »wieviel uhr ists? wieviel uhr ists? wieviel uhr ists?« fragte diesen die frau. »ach«, sagte PETER traurig, »t.«

CORO DUPLO

sete casos curtos

era uma vez um homem chamado TOMÁS. ele dobrou o joelho. "como você dobra seu joelho" disse a mulher. "as sim", respondeu o homem, "tomas de chuva."

era uma vez um homem chamado JACÓ, "desculpe", disse ele à mulher, "mas você está suja." "já?" perguntou a mulher.

"mais devagar, mais devagar, mais devagar", disse a mulher para o homem chamado ZEBÓRIO, "devo", esclareceu ZEBÓRIO à mulher, "agarrar?"

era uma vez um homem chamado NEPOMUCENO, a quem a mulher perguntou: "que horas são? que horas são?" "uma" disse NEPOMUCENO, "vez por todas: tire o dedo daí"

era uma vez um homem chamado TADEU. a mulher lhe perguntou "que cor é esta?" "ver", disse TADEU com modéstia "nos-emos mais tarde."

"mas pra que? mas pra que? mas pra que? mas pra que?" perguntou a mulher do rico JÔNATAS, "para", respondeu o ricaço "de bancar a boba, mulher."

era uma vez um homem chamado PEDRO. "que horas são? que horas são? que horas são?" perguntou-lhe a mulher. "sei", disse PEDRO, tristemente. "s".

so
hilde
und so

hilde
so
und so

so
und so
hilde

und so
hilde
so

a tal
hilda
de tal

hilda
de tal
e tal

tal
a tal da
hilda

hilda
de tal
a tal

AUTORS STIMME

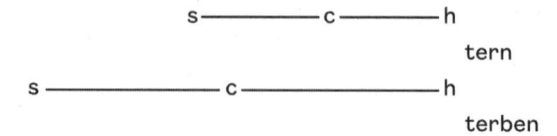

```
     s————c————h
                tern
s——————c——————h
                terben
```

VOZ DO AUTOR

```
      e————c————h
                  trela
e——————c——————h
                  tinta
```

KUREN

einganzeslavoireinganzeslavoireinganzeslavoireinganzeslavoi
reinganzeslavoireinganzeslavoireinganzeslavoireinganzesla
voireinganzeslavoireinganzeslavoireinganzeslavoireing
anzeslavoireinganzeslavoireinganzeslavoireingan
zeslavoireinganzeslavoireinganzeslavoir
beschützmichgottvorsovielwasser

ESTAÇÕES DE ÁGUA

umabaciacheiaumabaciacheiaumabaciach
eiaumabaciacheiaumabaciacheiaumaba
ciacheiaumabaciacheiaumabaciachei
aumabaciacheiaumabaciacheiaum
abaciacheiaumabaciacheiauma
deusmelivredetantaagua

JAHRESZEITEN

springbrunnen

die blumen haben namen um, die parkbänke rodeln unter den doppelkinnen der liebespaare, die wolken tanken blaues benzin und jagen mit fliegenden krawatten über den himmel. aus den astlöchern der straßenbahnkontrollore schlüpfen honigfrische schmetterlinge, spucken einander in die schnurrbärte und drehen daraus eine drahtseilbahn. zwei matratzen wiehern plötzlich wie kühe und werden von einem amtsrat in die mütze gemolken. hölzerne knaben werden über nacht zu vaselinlöwen und brüllen wie kandelaber, die mädchen essen mit stimmgabeln, und die stecknadelköpfe der professoren gehen in den halskrausen der gänseblümchen unter.

ESTAÇÕES DO ANO

chafariz

as flores estão cercadas de nomes, os bancos da praça esquiam sob os queixos duplos dos casaizinhos, as nuvens enchem o tanque de gasolina azul e correm com gravatas volantes céu acima. dos ocos dos galhos dos motorneiros escapam borboletas frescomel, cospem nos bigodes umas das outras e daí puxam um fio de arame de seda. dois colchões relincham como vacas e são ordenhados nos capuzes por um colegiado departamental. petizes perna-de-pau viram de noite leões de vaselina e rugem como candelabros, as meninas comem com garfos de diapasão, e as cabeças de alfinete dos professores descem pelas goelas das margaridas.

der atlas

der atlas
muß
den globus
tragen
auf dem

der major
der matador
und ein bataillon barone

blumensträuße
jagen

o atlas

o atlas
tem
de arcar
com o globo
no qual

o major
o matador
e um barão de batalhão

perseguem
ramalhetes

in weißem hemd
pocht
die trübe nacht

am strand
klagen
die purpurschuh

mein gürtel
dämmert
zum haus zurück

mein boot
spiegelt
im mohnduft

na camisa branca
palpita
a noite turva

na praia
clamam
calçados púrpura

meu cinto
cai a noite
a caminho de casa

meu barco
espelha
em pó de papoula

mineralien
irren
hier im wald

aus dem lieben mund
ziehen
duftende becher

die wunderschöne kleine
hängt
im apfelbaum

im staube
gehet
alexis

minerais
erram
aqui no bosque

da boca amada
sorvem
taças perfumadas

a maravilhosa mínima
pende
da macieira

na poeira
pisa
alexis

im

wolken
ticken

es musikt
durch die wand

wolken

ticken

schreiefenstern

em

nuvens
teclam

musica-se
parede a dentro

nuvens

teclam

janelamentos

des vaters
knie
blickt schon schwächer

die ohren
der kleinen kinder
fallen raschelnd

einsam
welkt
ein meisterstück

do pai
o joelho
olha sem jeito

as orelhas
das criancinhas
caem sussurrantes

solitária
murcha
uma obra prima

ein schneebild

bitter
    bitter schon
bitteschön
    bildschön
               bildschöne puppe
    bittere pupille
bitteschön

schneebild
        mit dem vogel
schneebild
        der vogel
schneebild
        mit dem vogel

weiß weiß weiß weiß weiß ich
blau
bst du mir
grün grün grün grün
grünßen sie ihn von mir
grünßen sie ihn von mir
grünßen sie ihn von mir
vio
letztes mal
vio
letztes mal
rot rot rot rot
schherunter
rot
schherunter
rot
schherunter

bst

cenário de neve

    pior
        pior favo
    porfavor
        portador
            puro fator
        pior fautor
    porfavor

    cenário de neve
            com ave
    cenário de neve
            a ave
    cenário de neve
            com ave

    claro claro claro claro claro que sim
    índigo
    digno de mim
    verde verde verde verde
    ver-te-ei em breve
    ver-te-ei em breve
    ver-te-ei em breve
    vio
    outro dia
    vio
    outro dia
    ver ver ver ver
    melhorainda
    ver
    melhorainda
    ver
    melhorainda

    digo

treiben
im schnee
treiben
im schnee
treiben
im schnee
treiben
im schnee
treiben

avançar
pela neve
avançar
pela neve
avançar
pela neve
avançar
pela neve
avançar

dezem
  ember
  zember

kalligrafiert

die krähe

dez e
    zimbro
    embro

caligrafa

a gralha

BESTIARIUM

ernst jandls weihnachtslied

machet auf den türel
machet auf den türel
dann kann herein das herrel
dann kann herein das herrel
froe weihnacht
froe weihnacht
und ich bin nur ein hund
froe weihnacht
froe weihnacht
und ich bin nur ein hund

BESTIÁRIO

canção de natal do sério jandl

abri o portal
abri o portal
deixai o dono entral
deixai o dono entral
petiz natal
petiz natal
sou só um cão
petiz natal
petiz natal
sou só um cão

EPIGRAMME

tee : ein stück

     :
     :
lieber : tee
     :

[egal] :
   ich : tee
     :

     :
fragt :
[er nie] : tee
     :

EPIGRAMAS

dado : uma peça

:
:
liber : dado
:

ego :
[ao] : dado
:

:
fraterni : dado
:

zweierlei handzeichen

ich bekreuzige mich
vor jeder kirche
ich bezwetschkige mich
vor jedem obstgarten

wie ich ersteres tue
weiß jeder katholik
wie ich letzteres tue
ich allein

duplisinalidade

eu me persigno
diante de cada igreja
eu me pessegno
diante de cada pomar

como eu faço o primeiro
sabem os católicos
como eu faço o segundo
sei eu só

lichtung

manche meinen
lechts und rinks
kann man nicht
velwechsern.
werch ein illtum!

dileção

dizem que
direrda e esqueita
não se bodem
convundir.
puro encano!

Idílios

verwandte

der vater der wiener gruppe ist h. c. artmann
die mutter der wiener gruppe ist gerhard rühm
die kinder der wiener gruppe sind zahllos
ich bin der onkel

parentes

o pai do grupo de viena é h. c. artmann
a mãe do grupo de viena é gerhard rühm
os filhos do grupo de viena são inúmeros
eu sou o tio

august stramm

er august stramm
sehr verkürzt hat
das deutsche gedicht

ihn august stramm
verkürzt hat
der erste weltkrieg

wir haben da
etwas länger gehabt
um geschwätzig zu sein

august stramm

ele august stramm
muito encurtou
o poema alemão

august stramm
encurtou-o
a primeira guerra mundial

já nós tivemos
um pouco mais de tempo
para tagarelar

wissen, sagen

die musiker mit ihren tönen
wissen was sie sagen
was sie mit ihren tönen sagen
das wissen die musiker
auch die maler mit ihren farben
wissen was sie sagen
was sie mit ihren farben sagen
das wissen die maler
ebenso die bildhauer mit ihren plastiken
wissen was sie sagen
was sie mit ihren plastiken sagen
das wissen die bildhauer
gleichfalls die tänzer mit ihren bewegungen
wissen was sie sagen
was sie mit ihren bewegungen sagen
das wissen die tänzer
schließlich die architekten mit ihren gebäuden
wissen was sie sagen
was sie mit ihren gebäuden sagen
das wissen die architekten
hingegen die poeten mit ihren wörtern
wissen diese was sie sagen
was sie mit ihren wörtern in wahrheit sagen
wissen das jemals die poeten

saber, dizer

os músicos com seus sons
sabem o que dizem
o que eles com seus sons dizem
os músicos o sabem bem
também os pintores com suas cores
sabem o que dizem
o que eles com suas cores dizem
os pintores o sabem bem
do mesmo modo os escultores com suas formas
sabem o que dizem
o que eles com suas formas dizem
os escultores o sabem bem
igualmente os dançarinos com seus movimentos
sabem o que dizem
o que eles com seus movimentos dizem
os dançarinos o sabem bem
finalmente os arquitetos com seus prédios
sabem o que dizem
o que eles com seus prédios dizem
os arquitetos o sabem bem
já os poetas com suas palavras
sabem eles o que dizem
o que eles com suas palavras de fato dizem
sabem-nos os poetas jamais

göttliche komödie

beginnen Sie
mit dem titel?
fast nie, diesmal aber schon.
es ist ein schwerer titel
oder vielleicht
erst schwer und dann leicht
er reicht um die ganze europäische literatur
wie ein ring für jeden liebsten
an den fingern einer jungen frau

divina comédia

o senhor começa
pelo título?
quase nunca, mas desta vez sim
é um título difícil
ou talvez
a princípio difícil e depois fácil
circunda toda a literatura europeia
como para todo amante um anel
o dedo de uma jovem mulher

dieses gedicht

es ist noch nicht gut
und du mußt daran noch arbeiten
aber es stürzt nicht die welt ein
wenn du es dabei beläßt
es stürzt nicht einmal das haus ein

este poema

ainda não está bom
e tens de trabalhá-lo mais
mas o mundo não virá abaixo
se o deixares como está
nem mesmo a casa virá abaixo

wort   stein
stein   wort

wort   des steines
stein   des wortes

antwort

stein   der antwort
antwort   des steines

steinigung

beantwortung der steinigung

steinigung der antwort

palavra   pedra
pedra   palavra

palavra   da pedra
pedra   da palavra

parábola

pedra   da parábola
parábola   da pedra

apedrejar

parabolismo do apedrejamento

apedrejamento da parábola

einmal kann ich schreiben
einmal kann ich nicht schreiben

auf einmal kann ich schreiben
auf einmal kann ich nicht schreiben

einmal kann ich etwas aufschreiben
einmal kann ich etwas nicht aufschreiben

so wird es bleiben
so wird es nicht bleiben

uma vez consigo escrever
uma vez não consigo escrever

de uma vez consigo escrever
de uma vez não consigo escrever

uma vez consigo circunscrever algo
uma vez não consigo circunscrever algo

e fica por isto mesmo
e não fica por isto mesmo

minor poet

bei zusammengebrochener produktion
sich aufrichten, die jacke nehmen
nach draußen gehen
zu den sich bewegenden
leuten, als wäre man selbst
zur arbeitsstätte unterwegs
oder nach daheim
nicht einfach unterwegs weil das sitzen
wieder einmal nichts erbracht hat.

minor poet

em caso de produção malograda
erguer-se, pegar o casaco
sair em direção
às pessoas que se deslocam lá fora,
como se se estivesse também
a caminho do trabalho
ou de casa
não simplesmente vagando só porque
mais uma vez o debruçar-se nada trouxera.

alternder dichter

nicht immer werden sie mir
alles geschriebene aus den händen reißen
um es zu drucken
sondern sie werden über mich hinwegsehen
über meinen kopf weg nach anderen spähen
und ich werde sie verstehen

ach wie klein ich geworden bin
werde ich mir sagen
keinem verstellt meine stirn mehr den blick
ich bin sehr in mich zusammengesunken
mir ist so bang

poeta envelhecendo

nem sempre virão arrancar-me
todo escrito das mãos
para publicá-lo
e sim olharão além de mim
por cima de minha cabeça em busca de outro
e eu os compreenderei

ah que mínimo me tornei
direi então
meu cérebro já não atrai nenhum olhar
afundei-me tanto em mim
tenho medo

geruch

nichts
niemand
nirgends
niemals
nie

er hielt
an die nase
der vater
den kleinen
nackten
sohn

wie gut er riecht

nichts
niemand
nirgends
niemals
nie

cheiro

nada
ninguém
nenhures
nunca
nem

ergueu
à altura do nariz
o pai
seu pequeno
filho
nu

como ele cheira bem

nada
ninguém
nenhures
nunca
nem

blumen im fenster

unter einer masse, die mich nase
meine mutter hat gelehrt zu nennen
wölbt sich eine masse, die mich kinn
meine mutter hat gelehrt zu nennen

zwischen beiden liegt die weiche masse
die ich spalte und zusammenpresse
wenn ich mich entfalte und vergesse
pelargonien und kapuzinerkresse

flores na janela

sob uma massa, que nariz
minha mãe ensinou-me a chamar
curva-se uma massa, que queixo
minha mãe ensinou-me a chamar

entre os dois fica a massa macia
que entreabri e entrecerrei um dia
quando me desfechava e esquecia
pelargônios e santas-marias

geistliches lied

überall wohin ich späh
seh ich engel in der näh
außerhalb der schranken mein
werd ich wohl verlassen sein
schranken baute mutters hand
eh der tod sie überwand
sie nur kannte gottes land
ach, es raubt mir den verstand

ach, es raubt mir den verstand
sie nur kannte gottes land
eh der tod sie überwand
baute schranken mutters hand
nie werd ich verlassen sein
außerhalb der schranken mein
seh ich engel in der näh
überall wohin ich späh

cântico

todo canto onde me encontro
lá os anjos fazem ponto
do lado de lá da cerca
o mais certo é que eu me perca
cerca por minha mãe erguida
antes de deixar a vida
mediu de deus as fronteiras
ai, que perco as estribeiras

ai, que perco as estribeiras
mediu de deus as fronteiras
antes de deixar a vida
cerca por minha mãe erguida
impossível que eu me perca
do lado de lá da cerca
lá os anjos fazem ponto
todo canto onde me encontro

1
am morgen erblicke ich
rings um mein bett
die spuren des kampfes
zwischen mir und mir

2
der staub ist nicht laut
doch ich mag es laut
der jazz, den ich liebe
ist keine leise braut

der staub, den ich liebe
ist der zimmerstaub
meine leise braut
an der ich langsam ersticke

1
pela manhã eu vejo
em volta da minha cama
os sinais da luta
entre mim e mim

2
a poeira não é ruidosa
mas eu gosto de ruído
o jazz, que eu amo
não é noiva silenciosa

a poeira, que eu amo
é a poeira doméstica
minha noiva silenciosa
que aos poucos me sufoca

ich häng an einem ast
die hand ist mir schon steif
der zweite ast, die zweite hand
sind weit.

vielleicht bin ich entzweit
mit mir und meiner zeit

eu me penduro num galho
minha mão já está dormente
o outro galho, a outra mão
indiferentes.

talvez difira eu mesmo
de mim e do meu presente

der mann weint

ein junge weint nicht!
erst der mann soll weinen
wenn er um sich blickt
und die immer noch ihn liebende
gefährtin, ihm mut zu machen
spricht: das ist *dein* werk!
der mann weint.

o homem chora

menino não chora!
só depois de homem
quando olha em volta
e a companheira que ainda
o ama, para encorajá-lo
diz: isto é *tua* obra!
o homem chora.

die freude an mir

die freude an mir
läßt nach. bei wem?
denen ich die hand nicht küsse?
denen ich in den arsch nicht krieche?
denen ich die fut nicht lecke?
die ich nicht vögle?
deren gruß ich nicht erwidere?
deren brief ich nicht beantworte?
deren einladung ich ausschlage?
denen ich als lach-dichter nicht diene?
mit denen ich nicht auf demonstration gehe?
mit denen ich nicht auf opposition mache?
denen ich keine texte gebe?
denen ich nicht meinen namen gebe?
die ich nicht aufs dichter-roß hebe?
denen ich nicht als protagonist diene?
denen ich sage: eure texte sind dreck?
denen ich sage: hände weg von der literatur?
denen ich sage: ihr kotzt mich an?
denen ich sage: geht scheißen?
die freude an mir
mag an allen verschwinden.
mir muß sie bleiden.

a satisfação em mim

a satisfação em mim
se esvai. em quem?
aqueles cuja mão não beijo?
aqueles por cujo cu não subo?
aquelas cuja xota não chupo?
que não fodo?
a cujo cumprimento não respondo?
a cujas cartas não respondo?
cujo convite recuso?
a quem não sirvo de poeta cômico?
com quem não vou a manifestações?
com quem não faço oposição?
a quem não dou nenhum texto?
a quem não dou o meu nome?
que não ergo ao corcel dos poetas?
a quem não sirvo de protagonista?
a quem digo: seus textos são uma merda?
a quem digo: tirem as mãos da literatura?
a quem digo: vocês me enojam?
a quem digo: vão cagar?
a satisfação em mim
pode desaparecer em todos
em mim tem de permanecer

leise unruhe

an ruhigen tagen
sitzen und fragen:
geht es immer so weiter?
geht es immer so weiter?
geht es immer so weiter?
geht es immer so weiter?
geht es immer so weiter?
geht es immer so weiter?
geht es immer so weiter?
ach ginge es doch immer so weiter

leve inquietação

em dias tranquilos
sentar-se e perguntar:
vai ser sempre assim?
vai ser sempre assim?
vai ser sempre assim?
vai ser sempre assim?
vai ser sempre assim?
vai ser sempre assim?
vai ser sempre assim?
ah se fosse sempre assim

auch mit dem wein
hab ich immer die hoffnung
vielleicht wird es besser
vielleicht wird es besser
vielleicht wird es besser
vielleicht wird es besser
vielleicht wird es besser
vielleicht wird es besser
vielleicht wird es besser
und es wird nicht besser

também em relação ao vinho
tenho sempre a esperança
talvez melhore
talvez melhore
talvez melhore
talvez melhore
talvez melhore
talvez melhore
talvez melhore
e não melhora nunca

tramway

schöne junge damen springen auf
wenn ich mich durch die tramway rauf

mutter berührt das töchterlein
laß alten herrn nicht stehend sein

betagte dame reagiert geschwind
ich steig schon aus bleib sitzen kind

steinerner miene ich setz mich hin
wenn ich schon als greis erkennbar bin

bonde

belas moças se erguem apressadas
quando no bonde faço minha entrada

mãe cutuca a filhinha meu amor
não deixe ficar de pé esse senhor

senhora idosa reage imediatamente
já vou descer meu bem volte e se sente

e eu caradura sento-me então
já que em mim perceberam o ancião

sentimental journey

als ich 20 war
als ich 20 war

als ich 30 war
als ich 30 war

als ich 40 war
als ich 40 war

als ich 50 war
als ich 50 war

als ich 60 war
als ich 60 war

jetzt
bin ich gespannt

sentimental journey

aos 20 anos
aos 20 anos

aos 30 anos
aos 30 anos

aos 40 anos
aos 40 anos

aos 50 anos
aos 50 anos

aos 60 anos
aos 60 anos

agora
estou pagando pra ver

anatomisches selbstbildnis

zwei brustwarzen stehen mir zur verfügung
verdammt noch mal ich brauch sie nicht
zwei brustwarzen stehen mir zur verfügung
das hat ein anderer getan nicht ich
überhaupt was ich so alles an mir habe
und überhaupt erst das zeug in mir drin
das muß ein affe vergessen haben
ein sehr vergeßlicher affe

auto-retrato anatômico

dois mamilos tenho à disposição
mas que diabo eu não preciso deles
dois mamilos tenho à disposição
isto é coisa de outro minha não
aliás tudo o que tenho pelo corpo
e ainda mais o troço aqui de dentro
algum macaco deve ter esquecido
algum macaco muito distraído

kleines geriatrisches manifest

ein oder zwei jahre
gezügelter lebenslust
dürfen sie mit zweiundsechzig
sich wohl noch erhoffen. onanieren
werden sie wie bisher auch, vielleicht
nicht ganz so flott, nicht ganz so oft
als in ihren besten jahren.
was sie derzeit
als ihren geistigen verfall
zu erleben glauben, wird
durch ihren physischen verfall
mehr als wettgemacht. derselbe ist
so evident, daß sie überall
komplimente für ihre geistige frische
einheimsen werden. wobei man ihnen
                            [schonungsvoll
zum allernächsten sessel hilft.

pequeno manifesto geriátrico

de um ou dois anos
de prazer moderado
o senhor pode aos sessenta e dois
tranquilamente ainda desfrutar. masturbar-se
o senhor poderá também como até agora, talvez
não tão fogosamente, ou com a mesma frequência
dos melhores anos
o que o senhor no momento
acredita ser sua decadência
intelectual será
por sua decadência física
mais do que compensado, a qual é
tão evidente que o senhor, aonde quer que vá
colherá elogios por sua lucidez
enquanto o ajudam, caridosamente
a alcançar a poltrona mais próxima.

mit hans hollein

ich hab die armbanduhr verlegt
weiß dennoch, wem die stunde schlägt

erstmals, soweit zurück ich denk
tret ich hinaus mit freiem handgelenk

vermag ich bloß zu hängen ding an ding
gerät vielleicht durch reim dies weniger gering

plötzlich hans hollein mir zur seite geht
eh mich mein ziel aus seiner richtung dreht

com hans hollein

joguei meu relógio fora
mas sei ainda de quem soa a hora

nunca dantes, em minha vida inteira
saí à rua sem uma coleira

se eu conseguir ligar coisa com coisa
talvez a rima emende a minha glosa

de repente, hans hollein surge a meu lado
pra que o foco nele não seja afastado

für peter veit

ich habe
ihn einmal
betrunken
gesehn

ich glaube
er war es
nicht ich

para peter veit

uma vez
bêbado
eu o vi
na rua

creio
que ele estava
e não eu

guten tag
»guten tag«
» »guten tag« «
» » »guten tag« « «
» » » »guten tag« « « «
» » » » »guten tag« « « «
» » » » » »guten tag« « « « «
» » » » » » »guten tag« « « « « «

bom dia
"bom dia"
" "bom dia" "
" " "bom dia" " "
" " " "bom dia" " " "
" " " " "bom dia" " " " "
" " " " " "bom dia" " " " " "
" " " " " " "bom dia" " " " " " "

mmmmmmmmmmmmmmmmm
mmmmmmmmmmmmmmmmm
mmmmmmmmmmmmmmmmm
mmmmmmmmmmmmmmmmm
mmmmmmmmmmmmmmmmm
mmmmmmmmmmmmmmmmm
mmmmmmmmmmmmmmmmm
mmmmmmmmmmmmmmmmm
mmmmmmmmmmmmmmmmm
mmmmmmmmmmmmmmmmm
mmmmmmmmmmmmmmmmm
                       ich

mmmmmmmmmmmmmmmmm
mmmmmmmmmmmmmmmmm
mmmmmmmmmmmmmmmmm
mmmmmmmmmmmmmmmmm
mmmmmmmmmmmmmmmmm
mmmmmmmmmmmmmmmmm
mmmmmmmmmmmmmmmmm
mmmmmmmmmmmmmmmmm
mmmmmmmmmmmmmmmmm
mmmmmmmmmmmmmmmmm

im

kurzficker

dr. kurzficker
dr. dr. kurzficker
univ. prof. dr. dr. kurzficker
univ. prof. dr. dr. dr.h.c. kurzficker

fodinha

dr. fodinha
prof. dr. fodinha
exmo. sr. prof. dr. fodinha
exmo sr. prof. dr. honoris causa fodinha

flugs
oder nicht flugs

jedenfalls
ganz leise

zunindo
ou não zunindo

em todo caso
bem baixinho

fünf dreizeiler

daß sich dein leben zu
buchstaben verhärtet, du
wolltest es nicht so haben

-

      (»das aufraffen«)
also jetzt setz ich mich hin
also jetzt sitz ich da
da sitz ich jetzt also

-

      (für wendelin niedlich)
echt siech
ächz ich
sechzig

-

hundertfünfzig jahre alt
werd ich sicher nur zu bald
es kann schon morgen geschehen

-

so leicht zerstörbar ist
papier. es herrscht bei uns
an ihm kein mangel.

cinco tercetos

porque tua vida em
letras se petrifica
não a querias assim

-

           ("a pilhagem")
agora então eu me sento
agora então estou sentado aqui
aqui sentado estou agora então

-

         (para wendelin niedlich)
senta-se
e se sente
sessenta

-

sesquicentenário
vou me tornar em breve com certeza
pode já ser até amanhã

-

tão fácil é destruir
papel. entre nós ele nunca
está em falta.

treusprüche

ich mag nichts neues
ich mag nur treues

-

nicht neu sondern nah
immer schon da

-

ohne erfahrung
eine deutliche einsparung

-

zu je einem geschlecht
sei ein einziger partner recht

-

lust besteht aus feuchtigkeit
keine lust aus neuigkeit

-

vielleicht die höchste lust:
zu sterben an der mutterbrust

-

das tier mit den zwei hintern
wird das leben leicht überwintern

-

die treue muß ganz billig kommen
dann wird sie willig hingenommen

-

sterbe ich dann gleich auch du
sonst nimmt der drang nach untreue zu

aforismos da fidelidade

não gosto de novidade
gosto de fidelidade

-

em vez do novo o próximo
conhecido ao máximo

-

se ficas inexperiente
a economia é evidente

-

para cada sexo somente
um parceiro permanente

-

o prazer vem da umidade
e nunca da novidade

-

talvez o prazer mais terno
morrer no seio materno

-

o animal com dois traseiros
faz mais quentes seus janeiros

-

ser fiel tem de sair barato
assim já não fica tão chato

-

morto eu que morras em seguida
ou trais-me logo à saída

9 zweizeiler

den ofen verheizen
mit brennstoff nicht geizen

die wohnung hassen
die wohnung nicht mehr verlassen

die saiten zerschneiden
sich das klavierspiel verleiden

mehr zähne ziehen
als vor zahnärzten fliehen

die schüttellähmung
als bezähmung der leidenschaften

den krieg verdammen
den frieden verkraften

die fenster zerhauen
den blauen himmel beschauen

das vergißmeinnicht
wie sehr auch das leben zerbricht

der tod erst bewirkt
daß jeder zusammenhang stirbt

9 dísticos

ligar a calefação
nada de economia com o carvão

odiar o apartamento
não deixá-lo um só momento

cortar as cordas ao meio
atinge o piano em cheio

deixar arrancar os dentes
melhor que a fuga permanente

a dança de são guido
como controle da libido

guerra nunca mais
tolerar a paz

janelas destruir
do azul do céu usufruir

o amor-perfeito
também pega a vida de mau jeito

só com a morte é que se vê
todo e qualquer vínculo perecer

der verzwickte vogel

wir haben den vogel abgewickelt

\-

ohne wunsch kein punsch

\-

ferien sind serien

\-

nach froher not ein früher tod

\-

wohin soll ich mich schänden

\-

musik du geiler trick

\-

eile mit und weile ohne

\-

gottes sohn den gott belohne

\-

wofür du scharfe tür

\-

es blinkt der schroffe pelican

\-

oh säue denen es kommt

\-

und ziemlich steht der zinnsoldat

\-

nach und vor und schmach

\-

ein techtelmechtel

\-

grüner raum der unzucht

\-

gehabent euch wohl

o pássaro intricado

nós desnovelamos o pássaro

-

sem garra sem farra

-

férias são lérias

-

depois da pobreza lépida a morte rápida

-

para onde posso me desonrar

-

música ó tesão lúdica

-

a pressa com a praça sem

-

o filho de deus a deus o dê

-

porfias porta por um fio

-

reluz o branco pelicano

-

ó porcas de onde vêm

-

de sol a sol de pé o soldadinho

-

adiante e atrás e ultraje

-

um chamego

-

salão verde da luxúria

-

passai bem

O totó do Otto

ottos mops

ottos mops trotzt
otto: fort mops fort
ottos mops hopst fort
otto: soso

otto holt koks
otto holt obst
otto horcht
otto: mops mops
otto hofft

ottos mops klopft
otto: komm mops komm
ottos mops kommt
ottos mops kotzt
otto: ogottogott

o totó do otto

o totó do otto trota
o otto: te toca totó
o totó vai pra toca
o otto: só só

o otto traz torta
o otto faz truques
o otto escuta
o otto: totó totó
o otto torce

o totó do otto tosse
o otto: toma totó
o totó do otto cospe
o otto: tsc tsc tsc

ein schulmädchen

die ferien sind alle
die schule ist die falle
ich bin die kleine maus
der lehrer sieht wie käse aus

uma aluna

o mês de férias já era
a escola é ratoeira
o professor, gorgonzola
e eu, ratinha pra degola

florians eltern

schöner schöner florian
horchen wir ihm ohren an
küssen wir ihm einen mund
blicken wir ihm augen rund
rudern wir ihm arme dran
tanzen wir ihm beine ran
lieben wir ihm einen mann
schöner schöner florian

os pais do floriano

lindo lindo floriano
ouvindo, orelhas te damos
a boquinha, te beijando
olhos doces, te espiando
braços, vamos te remando
as perninhas, te dançando
amando, um homem formamos
lindo lindo floriano

das grüne glas

man kann im grünen glas
sehr schön schwimmen
wenn man klein genug ist
zum beispiel eine mücke

a taça verde

dá tranquilo pra nadar
numa taça de cristal
verde quando se é
inseto centesimal

taschen

schau, meine vielen taschen.
in dieser hab ich ansichtskarten.

in dieser zwei uhren.
meine zeit und deine zeit.

in dieser einen würfel.
23 augen sehen mehr als zwei.

du kannst dir denken
was ich an brillen schleppe.

bolsos

olha quantos bolsos tenho
neste só cartões postais

e neste dois relógios
o meu tempo e o seu tempo

neste outro tem um dado
21 olhos pintados

adivinha a quantidade
de óculos que eu carrego

immer höher

DER MANN STEIGT AUF DEN SESSEL
der mann steht auf dem sessel
DER SESSEL STEIGT AUF DEN TISCH
der mann steht auf dem sessel
der sessel steht auf dem tisch
DER TISCH STEIGT AUF DAS HAUS
der mann steht auf dem sessel
der sessel steht auf dem tisch
der tisch steht auf dem haus
DAS HAUS STEIGT AUF DEN BERG
der mann steht auf dem sessel
der sessel steht auf dem tisch
der tisch steht auf dem haus
das haus steht auf dem berg
DER BERG STEIGT AUF DEN MOND
der mann steht auf dem sessel
der sessel steht auf dem tisch
der tisch steht auf dem haus
das haus steht auf dem berg
der berg steht auf dem mond
DER MOND STEIGT AUF DIE NACHT
der mann steht auf dem sessel
der sessel steht auf dem tisch
der tisch steht auf dem haus
das haus steht auf dem berg
der berg steht auf dem mond
der mond steht auf der nacht

cada vez mais alto

O HOMEM SOBE NA POLTRONA
e fica em pé na poltrona
A POLTRONA SOBE NA MESA
o homem em pé na poltrona
e a poltrona sobre a mesa
A MESA SOBE NA CASA
o homem em pé na poltrona
a poltrona sobre a mesa
e a mesa em cima da casa
A CASA SOBE NO MORRO
o homem em pé na poltrona
a poltrona sobre a mesa
a mesa em cima da casa
e a casa em cima do morro
O MORRO SOBE NA LUA
o homem em pé na poltrona
a poltrona sobre a mesa
a mesa em cima da casa
a casa em cima do morro
e o morro em cima da lua
A LUA SOBE NA NOITE
o homem em pé na poltrona
a poltrona sobre a mesa
a mesa em cima da casa
a casa em cima do morro
o morro em cima da lua
e a lua noite acima

antipoden

    ein blatt
und unter diesem
    ein blatt
und unter diesem
    ein blatt
und unter diesem
    ein blatt
und unter diesem
    ein tisch
und unter diesem
    ein boden
und unter diesem
    ein zimmer
und unter diesem
    ein keller
und unter diesem
    ein erdball
und unter diesem
    ein keller
und unter diesem
    ein zimmer
und unter diesem
    ein boden
und unter diesem
    ein tisch
und unter diesem
    ein blatt
und unter diesem
    ein blatt
und unter diesem
    ein blatt
und unter diesem
    ein blatt

antípodas

        uma folha
debaixo dela
        uma folha
debaixo dela
        uma folha
debaixo dela
        uma folha
debaixo dela
        uma mesa
debaixo dela
        um chão
debaixo dele
        um quarto
debaixo dele
        um porão
debaixo dele
        um globo
debaixo dele
        um porão
debaixo dele
        um quarto
debaixo dele
        um chão
debaixo dele
        uma mesa
debaixo dela
        uma folha
debaixo dela
        uma folha
debaixo dela
        uma folha
debaixo dela
        uma folha

de de pra pra

zwanzig klavierstücke

1. k
2. la
3. av
4. vi
5. ie
6. er
7. kla
8. lav
9. avi
10. vie
11. ier
12. klav
13. lavi
14. avie
15. vier
16. klavi
17. lavie
18. avier
19. klavie
20. lavier

20 peças de pianola

1. pi
2. ia
3. an
4. no
5. ol
6. la
7. pia
8. ian
9. ano
10. nol
11. ola
12. pian
13. iano
14. anol
15. nola
16. piano
17. ianol
18. anola
19. pianol
20. ianola

wachsender pianist

ein finger	zehn klaviere
zwei finger	neun klaviere
drei finger	acht klaviere
vier finger	sieben klaviere
fünf finger	sechs klaviere
sechs finger	fünf klaviere
sieben finger	vier klaviere
acht finger	drei klaviere
neun finger	zwei klaviere
zehn finger	ein klavier

pianista crescendo

um dedo	dez pianos
dois dedos	nove pianos
três dedos	oito pianos
quatro dedos	sete pianos
cinco dedos	seis pianos
seis dedos	cinco pianos
sete dedos	quatro pianos
oito dedos	três pianos
nove dedos	dois pianos
dez dedos	um piano

sonatine

der rechte fuß bleibt auf dem pedal
der linke kleine finger greift   daneben
der rechte fuß bleibt auf dem pedal
der rechte kleine finger greift   daneben
der linke vierte finger greift   daneben
der rechte fuß bleibt auf dem pedal
der rechte vierte finger greift   daneben
der linke mittelfinger greift   daneben
der rechte mittelfinger greift   daneben
der rechte fuß bleibt auf dem pedal
der linke zeigefinger greift   daneben
der rechte zeigefinger greift   daneben
der rechte fuß bleibt auf dem pedal
beide daumen greifen   daneben
der rechte fuß bleibt auf dem pedal

sonatina

o pé direito fica no pedal
o dedo mínimo esquerdo do lado   errado
o pé direito fica no pedal
o dedo mínimo direito do lado   errado
o dedo anular esquerdo do lado   errado
o pé direito fica no pedal
o dedo anular direito do lado   errado
o dedo médio esquerdo do lado   errado
o dedo médio direito do lado   errado
o pé direito fica no pedal
o dedo indicador esquerdo do lado   errado
o dedo indicador direito do lado   errado
o pé direito fica no pedal
os dois polegares do lado   errado
o pé direito fica no pedal

Entrevista
... uma crueldade que não fere...

Alfred Estermann: O senhor publicou uma série de comentários interpretativos sobre sua produção literária, reunidos no livro *Die schöne Kunst des Schreibens* (*A bela arte da escrita*). O mesmo pode ser dito das Conferências de Frankfurt? O senhor pode nos dar uma prévia?

Ernst Jandl: Em princípio, partirei novamente dos meus próprios textos – poemas e outros – e seguirei na direção a que cada texto me leva. Isto não quer dizer que eu excluo de imediato textos de outros autores, mas meus textos são sem dúvida aqueles que eu conheço melhor por dentro e por fora e apoiado nos quais eu me sinto menos deslocado ao arriscar-me em terreno teórico.
O título "O abrir e fechar da boca" já existia antes de qualquer linha dessas conferências ter sido escrita. Eu precisava adiantar um título para os organizadores e teria de ser um título que me permitisse tudo, que não me restringisse logo de início. Se eu pudesse ter definido a sequência, teria provavelmente aguardado até que uma parte do texto das conferências estivesse escrita para depois escolher um título. "O abrir e fechar da boca" é naturalmente abordável de diversas maneiras. Ele funciona para limitar a sua área mais restrita à minha atividade literária, à palavra, à poesia falada. Pode também ser compreendido simbolicamente como uma abertura da boca, com a qual a respiração e tudo o mais que tem a ver com a vida humana começa, até o último fechar da boca, com o qual respiração e tudo o mais que tem a ver com a vida humana termina. Tenho de dar cinco palestras e pretendo ater-me, na primeira, caso tudo corra como

prevejo, estritamente ao título, já que quero falar da poesia sonora e poesia falada. Na segunda, à qual dei o subtítulo "Das Röcheln der Mona Lisa" (O gemido da Mona Lisa)[1] (este é o título de uma das minhas peças para rádio), falarei sobre a beleza de uma linguagem dita "dilapidada". A terceira terá o subtítulo "Cenas da vida real" e tratará da relação entre poesia e realidade extrapoética. A quarta, que se chamará, a partir de uma peça minha em um ato, "Os humanistas", será dedicada aos textos tidos como engajados ou, no sentido mais amplo, crítico-sociais. E, para a última, usarei um duplo subtítulo "Do desconhecido ou auto-retrato do jogador de xadrez como relógio que bebe". Nela o autor abrirá ao público seu espaço pessoal, na medida em que cada texto o tornar necessário, ou seja, textos que mostram abertamente que o autor fala de si próprio ou através dos quais ele se ocupa de si mesmo.

Carl Paschek: Surgiu há pouco a palavra-chave "poesia falada". Muitos dos seus trabalhos só revelam sua verdadeira dimensão para a compreensão dos ouvintes e espectadores através da performance oral, que lhe dá efetividade sonora. Em alguns dos seus poemas "concretos" pode-se perceber um ritmo contínuo, quase maquinal, do mesmo modo que se observa também na sua poesia sonora uma relação muito sensível com o som diferencialmente modulado. O senhor publicou ainda uma série de produções literário-musicais, em conjunto com músicos. Que conexões o senhor tem com a música?

Jandl: Tenho uma grande conexão com o jazz. Aliás, com todos os estilos de jazz, desde o tradicional até as formas radicais do Free Jazz. Quando comecei a fazer poesia falada, por volta de 1957, escrevi uma série de poemas

---

1. Trocadilho com "Lächeln" (sorriso). Algo como "O som raso da Mona Lisa".

que ficam compridos e finos na página impressa, mas que, falados, têm um "beat", um ritmo contínuo, que se pode inclusive marcar com os pés, assim como os pés se movem automaticamente ao som de um certo tipo de jazz. São poemas como "bestiarium" ou "bericht über malmö" ou "viel vieh o so viel vieh". Sempre me considerei uma pessoa, em certos sentidos, amusical, desde minha infância, desde o início das aulas de piano, que, apesar de terem atravessado vários anos, nunca chegaram a produzir um resultado satisfatório. Tenho, certamente, uma musicalidade muito parcial, que me impede de ultrapassar o quê de musical que de vez em quando quero trazer para meus poemas e chegar a fazer música de fato. Consigo imaginar que preferiria tocar sax tenor se tivesse o talento de um Lester Young ou de um John Coltrane, para citar apenas dois mestres. Não tenho nenhum instrumento musical a não ser uma flauta block e uma gaita pequena, com as quais pouco consigo fazer. Por outro lado, já há bastante tempo trabalho repetidamente com músicos, naturalmente com músicos de jazz. Isto começou nos anos 60, a partir dos meus primeiros encontros com escritores, artistas e músicos no *Forum Stadtpark Graz*. Lá entrei em contato próximo com três músicos de jazz, Dieter Glawischnig, John Preininger e Ewald Oberleitner, que já há muito formam um trio de sucesso, piano, baixo, bateria. Desde os anos 60 aconteceram apresentações isoladas minhas com esse trio. Os textos foram escolhidos, houve uma quantidade relativamente pequena de ensaios e depois começaram as apresentações desse trio de jazz comigo como speaker. Dieter Glawischnig, quando assumiu mais tarde a direção da Big-Band NDR veio logo me perguntar se eu não gostaria de tentar fazer alguma coisa para a big band. Reagi muito hesitante, pois uma big band é um grande conjunto sonoro – como poderia uma voz falada como a minha se integrar de fato em uma formação desse tipo? Mas por fim me declarei disposto e assim se chegou, após conversas iniciais, e após Glawischnig criar uma composição baseada em uma série de poemas meus, a uma apresentação nossa com a *NDR-Studio-Band*, como era conhecida. Foram chamados ainda alguns solistas, entre os quais os famosos músicos alemães Manfred Schoof e Gerd Dudek. Ensaiamos durante alguns dias e subimos ao palco no 7º *New Jazz Festival* em Hamburgo, com grande sucesso. Esta foi para mim uma experiência extraordinária. Era 1982. Apresentamos a composição, que tinha mais ou menos 55 minutos de duração, um ano depois no evento *Steirischen Herbst* em Graz com o mesmo sucesso.

Nesse meio tempo eu conhecera uma banda excepcionalmente boa em Viena, a *Vienna Art Orchestra*, fundada e dirigida por Mathias Rüegg, suíço radicado em Viena. Estudei um programa com três músicos dessa orquestra, composto em grande parte por Mathias Rüegg. O fascinante desse programa com os três músicos foi que, além de Wolfgang Puschnig, saxofone e flautas, e Woody Schabata, vibrafone, marimba e percussão, uma excelente vocalista, Lauren Newton, participou também, de modo que não havia no espetáculo apenas um speaker, mas ainda uma cantora. Essa interação com uma outra voz foi para mim uma grande novidade e uma grande satisfação. Logo depois saiu um disco desse quarteto com o título *Bist Eulen? (És corujas?)*, houve muitas apresentações nossas e no próximo ano (1985) faremos mais um espetáculo do quarteto, com duração de cerca de 45 minutos, em março, no âmbito do Março Literário de Darmstadt. Há décadas venho investindo relativamente muito dinheiro e tempo em discos, principalmente em discos de jazz.

Paschek: Entre suas poesias há trabalhos que, devido principalmente à disposição das palavras na página,

também podem ser "lidos" como produtos de design
gráfico. Por exemplo, o poema "martyrium petri", que
mostra o crucificado com a cabeça para baixo. O senhor
também desenha; em alguns dos seus livros foram
publicados trabalhos gráficos. Que relação o senhor tem
com as artes gráficas e plásticas?

Jandl: Desde a infância tive uma certa atração pelas artes
plásticas que, ao longo do tempo, foi se fortalecendo e
ao mesmo tempo limitando. Isto vem do âmbito familiar
e privado. Meu pai ocupou-se a vida toda, ao lado de sua
profissão de bancário, com o desenho, a aquarela e a
pintura. Também foi ele que na minha infância me levava
a exposições e museus e me aproximou assim das artes
plásticas. Durante a Segunda Guerra Mundial havia, em
uma constelação bem específica de amigos e interesses
comuns, uma imensa, e durante esse período pouco
saciada, sede por conhecer de fato a arte do século 20,
assim como sua música e, é claro, sua literatura. Ela
só pôde sê-lo de todo após 1945, 1946 – eu saí no início
de 1946 da prisão americana – no âmbito da música,
esporadicamente, no das artes plásticas, de forma mais
ampla, no da literatura, em exemplos isolados. Não
acontecera aquilo que eu e alguns amigos que comungavam
das mesmas ideias esperávamos: que com o fim da guerra,
que nós associávamos necessariamente com o fim do
nacional-socialismo, tudo surgisse de imediato. Não foi o
que se passou.

E agora, para falar das artes plásticas: a arte do nosso
século era e é fascinante para mim, sendo que eu aprecio
demais o expressionismo como a arte representativa do
século. Pessoas que se detiveram na pintura figurativa,
mas a tornaram a pintura do século 20, ou seja, criaram
algo de novo no interior da pintura figurativa, sem por isso

pertencerem a um movimento, como o Expressionismo.
Pessoas como Henri Matisse, Pablo Picasso ou Marc
Chagall foram para mim uma experiência muito forte.
Mas também a pintura abstrata estava no centro do
meu interesse. Com a pintura informalista não pude me
reconciliar inteiramente. O impulso de abandonar os meios
tradicionais da arte, ou seja, a superfície do quadro, a cor,
os instrumentos: aí eu não podia seguir o caminho de cada
pintor. A tela, o quadro pintado, ainda têm significado
para mim, assim como uma escultura como, por exemplo,
a de Barbara Hepworth. No trato com as artes plásticas
aconteceu comigo que eu primeiro precisava de um longo
tempo para me apropriar de um artista e perceber sua
verdadeira estatura. Um exemplo disso seria Max Ernst.
Se me mostrei cético com relação ao abandono de todos
os meios tradicionais; devo dizer que admiro imensamente
um homem como Duchamp, que era um revolucionário e
fez pela primeira vez muitas coisas que outros até
hoje "vendem".

Paschek: O senhor publicou basicamente poesia. No
terreno da prosa há poucos trabalhos seus, em geral com
o subtítulo "Exercício" e que talvez possam ser lidos como
poemas longos. Se não contarmos algumas passagens
autobiográficas em ensaios analíticos. Por que o senhor
produziu tão pouca prosa narrativa?

Jandl: Quando me perguntam por que eu não escrevo
narrativas em prosa, estando eu no ponto em que estou
agora, isto é, aos 59 anos de idade, devo dizer que durante
toda a produção da minha obra não criei um modelo
próprio de prosa. Se ainda terei chance de fazê-lo – sem
levar em conta se eu pelo menos sinto ou sentirei uma
propensão, um impulso nessa direção – de elaborar um
modelo pessoal, próprio de prosa de ficção, não saberia

dizer. Duvido muito. O fato é que eu, mesmo em poesia, não tenho um único modelo, mas um grande número de modelos. Mas quando trabalho em um poema, consigo reconhecer o ponto em que aquilo se torna algo. E esse procedimento até agora não desenvolvi na prosa. O que não quer dizer que eu já tenha passado anos tentando escrever ficção. Simplesmente não é o caso.

Paschek: Em alguns dos seus poemas encontram-se indícios de encenação teatral, rubricas para uma "montagem" do texto, como em "mozarts puls". Também seus poemas falados (*Sprechgedichte*) têm uma clara relação com o palco, a encenação, o público. Um dos seus poemas mais conhecidos, "ottosmops", lembra o estenograma de um diálogo ou uma peça de um ato só. Com "Aus der Fremde" ("Do estrangeiro"), o senhor criou uma das peças de câmara faladas mais importantes e instigantes dos últimos anos. O senhor planeja outros trabalhos para o palco?

Jandl: O que um inimigo meu poderia chamar de exibicionismo, o que é muito consciente para mim é o uso de meios mímicos e gestuais minimalistas na poesia. Na poesia que se pode intitular corretamente "Sprechgedicht" ("Poema falado"), ou que se poderia também denominar "Poema-palestra", na poesia que é apresentada diante de um público. Escreverei ainda uma peça de teatro? Esta é uma pergunta lançada para o futuro. O pensamento ou a vontade existem. Mas permanecerei, sem dúvida, no tempo que ainda me resta, um poeta lírico que calhou de escrever essa ou aquela peça teatral. Aqui eu lembraria um nome como T.S. Eliot, que, para mim, é um lírico e que teve condições de produzir algumas peças formidáveis, por ser um poeta formidável.

Paschek: "Arte como procedimento" e arte em relação com as experiências existenciais: seu poema "wien: heldenplatz" ("viena: praça do herói"), por exemplo, foi objeto de muitas tentativas de explicação, até mesmo por parte do senhor mesmo. Esses estudos mostraram que esse poema só aparentemente, só na superfície, é um tipo de linguagem estranhada, ou poema sonoro, que, por detrás, trata-se muito mais de uma intensa impressão pessoal. Isto se verifica também em outros poemas?

Jandl: Com certeza. Talvez uma experiência pessoal acidental no poema "thechdthen jahr" ("ano tcetcsenta"). Ele foi anotado durante um trajeto de bonde em 1957: uma conversa entre duas mulheres ao passar pela então denominada Estação Sudeste (hoje se diz apenas Estação Sul). O que anotei no momento dentro do bonde quase não precisou de alteração, já era praticamente o poema. Naturalmente, sobrevêm aí outras coisas. Uma das mulheres tinha uma dificuldade em pronunciar o S, que saía como o th inglês. Anotá-lo como th foi uma ideia. Mas foi a observação que me trouxe o poema. Em *dingfest* (*detido*) há um poema de 1953 chamado "lebensbeschreibung" ("bioscopia") que contém repetidas vezes o verso "ich habe dietrich geheißen". Esse Dietrich, que é aí mencionado junto com seus pais, era um dos meus amigos mais próximos durante os últimos anos do ginásio. Éramos nós que esperávamos juntos a volta da arte moderna com o fim da Segunda Guerra. Infelizmente, fui eu quem pode afinal alcançá-la, pois Dietrich Bukhard morreu em 1944, na guerra. Há ainda outros exemplos de uso bem direto e aberto de alguma coisa vivida que dificulta a comparação com "wien: heldenplatz". Pois este se oferece ao leitor ou ouvinte primeiro como um poema codificado, embora, mesmo quando alguém o ouve pela primeira vez, ainda durante a audição, ocorra ao ouvinte uma sequência de

reconhecimento dessas operações, desde que o poema
seja falado corretamente, com a ênfase adequada, com a
expressão adequada nos pontos certos. Em *selbstporträt
des schachspielers als trinkende uhr* (*auto-retrato do
jogador de xadrez como relógio que bebe*) há um poema,
"Die kühe" ("As vacas"). Lá se mescla à situação presente
do autor diante da máquina de escrever, batucando ou não
seus poemas, uma cena da guerra, no fronte ocidental:
eingespannt in den leichenwagen meiner schreibmaschine
(trancado no carro fúnebre da minha máquina de escrever)
e aí vem uma reviravolta completa:
*während eine nach der anderen die tretminen explodieren
unter den hufen der kühe, angetrieben von den
amerikanern in unsere richtung, worauf wir endlich wieder
fleisch in unserem essen verspüren*
(enquanto uma após outra as minas explodem sob os
cascos das vacas, tocadas pelos americanos na nossa
direção, do que decorre que nós finalmente podemos ter
carne de novo em nossa refeição)
Aí conjuga-se o momento presente, digamos, 1981 ou 1982,
de forma muito imagética, com um momento do fim do
ano de 1944 ou janeiro de 1945. Creio que se encontrarão
numerosos poemas meus nos quais fica bem claro para o
leitor ou ouvinte que a vivência pessoal é trabalhada. Os
graus de elaboração, os graus de estranhamento, o modo
como a vivência é acoplada, quais vivências, em geral muito
distantes no tempo, se entrelaçam umas com as outras,
variam de poema a poema.

Paschek: Em suas publicações podemos distinguir dois
âmbitos – como o senhor mesmo, consciente da imprecisão
de todas as definições desse tipo, faz: o lado convencional
(que o senhor chama de "poemas em linguagem normal")
e o lado experimental (nas suas palavras: "poemas
autônomos"). Aos primeiros trabalhos com poesia sonora

ou poesia falada, à radicalização do processo através de experiências com a linguagem e com a formatação gráfica sobrevém, mais recentemente, o enfrentamento das possibilidades de expressão da língua "desmantelada". Além disso, houve sempre poemas em língua "gramatical". Nos últimos anos, parece que aumenta o número de formas tradicionais (a metáfora, a paródia, a rima são cada vez mais frequentes). Nos poemas mais antigos, tinha-se também a impressão de uma frieza metodicamente controlada, mais tarde emergem os "motivos íntimos" de forma mais evidente. Como se pode descrever a relação desses dois lados um com o outro?

Jandl: "Frieza metodicamente controlada" – eu diria "febre" metodicamente controlada. Eu recusaria com veemência esse conceito, "frieza". Pois na verdade, em tudo que escrevi, mesmo naquilo em que o aspecto construtivista aparece no primeiro plano, eu estou integralmente presente como pessoa dotada de todo o seu repertório de experiências. Nunca tentei simplesmente computar as coisas ou separá-las do meu coração. Ao contrário, elas se integravam à minha circulação sanguínea. Da mesma forma que os poemas que falam abertamente de minha situação ou minhas vivências, abertas a todos, também os poemas de *laut und luise* (*lauto e laxo*) ou *sprechblasen* são poemas vividos. A experiência das possibilidades linguísticas ou poéticas não se separa das demais experiências, de uma experiência ao mesmo tempo como professor, amigo, pessoa que faz isto e aquilo, e que se instila nas coisas. Houve fases em que a possibilidade de trabalhar construtivamente com as palavras e, por exemplo, criar formas visuais me entusiasmou e ocupou mais do que em outras fases, sem que por isso eu tenha perdido de vista a poesia, sem que eu me dissesse: Você alcançou alguma coisa com sua poesia construtivista, esta será sua marca daqui para diante e se você não conseguir fazer nada comparável nessa categoria, ou você não faz mais nada ou guarda as coisas na gaveta. Nunca vi desse modo minha tarefa como fazedor de poemas, assumida de mim para mim. Sei que a escrita é uma coisa circunstancial, que depende da situação. E a minha situação hoje, no ano de 1984, é diferente da de 1968, e da de 1957 ou 1952. Dá pra acompanhar a mudança nos poemas.

Paschek: Que função têm – na sua visão – as datas em seus livros, seja no índice, seja nas próprias páginas?

Jandl: A datação tem uma raiz muito prática, tem a ver com a questão da precedência, que surgiu em algum momento no interior da chamada poesia concreta. Quando publiquei *laut und luise*, em 1966, nenhuma data era dada. Quando cinco anos depois o livro saiu na coleção Luchterhand, todos os poemas para os quais eu tinha uma data apareciam no índice com o dia de sua composição. Havia ainda uma lista das primeiras edições ou primeiras leituras públicas. Isto significa apenas que houve uma fase em que, por parte dos receptores críticos, persistia uma certa falta de clareza sobre quando algum texto fora produzido. Na primeira edição de *laut und luise*, lê-se no posfácio de Helmut Heißenbüttel: "Poemas de Ernst Jandl, escritos no início da segunda metade do século vinte – para os críticos ou teóricos da literatura isto é naturalmente muito pouco. Uma função propriamente dita dessas datas encontra-se em *die bearbeitung der mütze*, pois vê-se que aí, lá para meados dos anos 70, surgira uma nova onda de experimentação, o emprego da chamada "linguagem degenerada". Uma outra função ainda apresenta a datação em *Der gelbe hund*. Esse livro reúne poemas de um período relativamente curto, dois ou três anos, e os organiza cronologicamente, o que lhe empresta um caráter talvez de diário poético. Daí ser diferente nele a função da datação. Há também objeções a essa datação, objeções vindas de fora. Em *selbstporträt des schachspielers als trinkende uhr*, deixei de lado as datas. Não sinto falta delas. É preciso lembrar também que, entre a versão manuscrita dos poemas em *laut und luise* e a publicação do livro, há uma distância temporal relativamente longa, que não dependeu de mim. Naturalmente, eu já poderia ter publicado quase tudo o que está no livro já no fim dos anos cinquenta. Mas demorou – foi um caminho difícil – até 1966, quando o livro saiu. O manuscrito já tinha sido entregue a Reinhard Döhl e Helmut Heißenbüttel, mas aí se passaram mais três anos até o lançamento do livro. Pois muitas editoras relutavam em publicar literatura desse tipo. Só em meados dos anos sessenta vem a onda da poesia concreta e experimental nas grandes editoras – até o momento em que tudo acabou de novo. O conceito de poesia experimental, que eu usava sempre e ainda uso, tem algo de duvidoso. A poesia "concreta" é passível de definição e pode-se até, se se quiser, falar de "poesia concreta" no sentido estrito ou lato sensu. Já a poesia experimental não se deixa definir. Gerhard Rühm já se colocava contra esse conceito em 1957. Pois o que se oferecia ao público como poesia era algo já pronto e não mais um experimento. Naturalmente, tentara-se isso e aquilo, mas enquanto se estava no estágio da tentativa, nada estava ainda fechado. Assim que se fechasse, seja em que forma fosse, deixaria de ser experimento.

Paschek: O senhor está sempre lendo suas obras em público. Você tem uma expectativa com relação a esse público? Ao escrever? Ao apresentar-se?

Jandl: Às vezes se pergunta ao poeta se no momento da escrita ele pensa em "um" público ou em um público-alvo.

Eu diria sempre que não. Porém, para mim é da maior importância que eu tenha a oportunidade de apresentar meus trabalhos, desde que apropriados à leitura, diante de um público. O contato direto com o público é para mim da maior importância, não durante a criação dos textos, mas assim que eles passam a existir. Para mim, a divulgação de um texto não tem só a ver com o livro ou o disco, mas também comigo mesmo incondicionalmente. E eu preciso, não de forma contínua – não posso fazer tournées de leitura o tempo todo – desse contato próximo com o público. Mas, atenção: não sei, nem quero saber, em que medida minha experiência com o público influencia minha produção. Com certeza há alguma influência, mas deve ser algo que se processa no inconsciente. No contato com o público muita coisa se instila em mim e uma parte disso permanece e tem um efeito posterior. Só que não sou daqueles escritores que se perguntam como o público vai receber isso ou aquilo.

Paschek: Como se poderia entender a relação entre intelectualidade e sensualidade em suas obras que, por um lado, contêm elementos muito conscientes e construtivistas e por outro elementos empíricos nem sempre decifráveis?

Jandl: Só posso escrever quando estou totalmente presente, quando estou totalmente lá. Ou seja: com todas as minhas funções, com meu intelecto, com minha porção emocional, com aquilo que se poderia chamar porção sensorial. O mesmo vale portanto para a apresentação de um poema ou de qualquer texto que apresento falando e pensando, mas, no fim das contas, com todo o meu corpo. É mesmo impossível para mim o pensamento ou, se fosse impossível, seria insuportável, que eu como produtor de um texto qualquer tivesse de recalcar algo de mim,

como pessoa que pensa, sente e reage, para dar forma
a um texto específico. Este é, para mim, um pensamento
desnaturado. Há poemas meus nos quais certos pontos
são controláveis. Como, por exemplo, se alguém usasse
uma régua e dissesse: esta é uma linha totalmente reta. Há
outros poemas meus nos quais inseri de forma totalmente
consciente um elemento incontrolável. Tudo isso pode, é
claro, dar errado. Mas exatamente nos últimos anos foi de
grande interesse para mim trazer para o poema algo em
última análise incontrolável, dar ao poema a possibilidade
de conter algo que não é racionalmente controlável até o
menor detalhe.

Paschek: Diante das estruturas aleatórias de seus
poemas, fala-se muito de "jogo" e "ludicidade" com relação
a eles. De que modo lhe parecem, em geral, úteis a seu
trabalho os conceitos da nova teoria do lúdico?

Jandl: Para não sair do poema: um poema é para mim
justamente uma forma importante por ser claro e porque
no poema, como em uma pintura, ou um desenho, existe
a possibilidade de fazer algo no interior de uma moldura
que se apresente por si só como arte. Ele é naturalmente
concebido como obra de arte, mas também se declara
como tal. Creio que não se podem criar poemas sem a
possibilidade do jogo, tanto para o autor como para o
leitor. Não consigo me imaginar escrevendo um poema
sem contar com possibilidades lúdicas. Mesmo as formas
tradicionais só são, na minha opinião, utilizáveis quando
o produtor tem uma tendência a jogar com a linguagem.
Devo, por exemplo, quando escrevo um soneto, não apenas
inventar como também encontrar caminhos, organizar,
por assim dizer, minhas pedras sobre um tabuleiro que é
totalmente fixo. Quando escolho o soneto clássico, já sei
que tenho dois conjuntos de quatro e dois de três versos,

que se trata de um iambo com cinco acentos e posso ainda pré-fixar um esquema de rimas. Essas serão então as regras do jogo, é com essas regras que terei de jogar. Assim jogou Shakespeare ao escrever seus sonetos, e do mesmo modo, todos que já escreveram sonetos.

Paschek: Mas o senhor praticamente não escreve sonetos.

Jandl: Raramente, mas Gerhard Rühm, por exemplo, escreveu uma coroa de sonetos que é bastante notável, "Dokumentarische Sonette" ("Sonetos documentários"), que evidenciam esse caráter lúdico. Posso, naturalmente, imaginar que se escreva um poema sem perceber essa tendência ao lúdico, talvez quando o poeta, ao escrevê-lo, se sinta miserável e queira usar esse sentimento como material poético. Mas mesmo aí a ludicidade estará latente. Porém, quando se trata do sinônimo "brincadeira" – o que já me foi imputado algumas vezes – aí já é algo de que pretendo me afastar inteiramente. Porque o jogo segue regras. Podem ser, como no xadrez, regras que existem há séculos ou regras que eu mesmo crio na hora de escrever. Dependendo das condições, é uma regra que só vale para aquele poema e só pode ser usada uma vez, e o jogo se finda aí. O jogo tem sempre uma meta, a brincadeira não tem nenhuma.

Paschek: Como o senhor vê sua obra com relação à chamada poesia nonsense?

Jandl: No que diz respeito à poesia nonsense, creio que se trata de uma coisa específica e que é dificílimo escrever um bom poema nonsense, um limerick, por exemplo. Há poemas nonsense maravilhosos e posso me dar por muito satisfeito se tiver conseguido, em décadas de produção, escrever um ou outro poema verdadeiramente nonsense.

Um poema nonsense nasce da intenção de escrever um poema nonsense. Há antologias insanas de suposta poesia nonsense, nas quais se encontram, por exemplo, poemas sonoros de Hugo Ball, que não têm absolutamente nada a ver com poesia nonsense. Creio que, no âmbito da literatura alemã, se deu muito pouca atenção à poesia nonsense. Christian Morgenstern tem uma série fabulosa de poemas nonsense, como, por exemplo, "Das große Lalula" ("O grande lalulá"), que se poderia ver como precursora da poesia sonora dadaísta, que na verdade não se deveria ver como poesia sonora, senão como poesia nonsense da melhor qualidade. Por outro lado, muitas obras de Gertrude Stein, em que ela foi muito bem sucedida em levar o cubismo para o terreno da literatura e da linguagem, não são de modo algum nonsense, mesmo não possuindo uma coerência semântica. Esse é de fato o grande erro: que, quando em certo momento o poeta se afasta da coerência semântica – e é um grande esforço, uma grande arte, evitá-la efetivamente – se diga: Ah, eis aqui a ausência de coerência semântica, portanto, é nonsense. Isto é um grande engano. O nonsense é uma categoria em si. Mas o melhor seria nos aconselharmos com os ingleses, que sabem o que é poesia nonsense.

Paschek: Quando a gente lê/ouve seguidamente suas publicações das últimas décadas, pode ficar com a impressão de que há nelas um lado escuro no sentido de pessimismo e melancolia. Decerto: já as fases inicial e, de forma mais evidente, média estão cheias de irritação. Já no momento atual, ressalta em especial a dúvida do autor com relação a si mesmo, sua obra e sua vida. O senhor concorda?

Jandl: Acho que o que se percebe, já que é percebido, existe. Creio também que uma percepção tem um forte momento subjetivo e que eu apenas ocasionalmente,

no que diz respeito a coisas específicas, concordaria
totalmente com outra pessoa, se eu também percebo
ou não algo que ela vê. Tenho consciência de que,
desde poemas do livro *die bearbeitung der mütze* (*o
processamento da carapuça*), poemas como por exemplo
"von einen sprachen" ("de uma língua") ou "von leuchten"
("de brilho), fica evidente um traço de pessimismo que
ainda hoje persiste. Isso tem a ver, sem dúvida, com minha
própria situação de vida, com o modo como vejo minha
vida. Com isso não quero dizer que esse pessimismo ou
melancolia é uma característica dominante minha. Mas é
algo que – até onde minha experiência me permite dizer –
se presta como motivo para o poema, que é comunicável,
que não permanece fechado e inalcançável a um parceiro, a
um outro.

Eu já percebi que o pessimismo filosófico de um E. M.
Cioran, exatamente nas fases em que eu mesmo me
encontrava em um estado de espírito muito depressivo,
me ajudou a sair desse estado, talvez simplesmente por
que eu espelhei e constatei minha depressão naquela
formulada por Cioran. Claro que não se pode comparar:
"ottos mops" ("o totó do otto") é um poema que foi usado
por muitas crianças como modelo para a composição de
seus próprios versos. Quando ouço falar disso, quando me
escrevem e me enviam o resultado da experiência feita em
uma sala de aula, acho lindo, emocionante; alegro-me. Já
os poemas pessimistas não podem gerar uma ressonância
desse tipo. Mas ressoam aqui e ali em indivíduos isolados,
que se aproximam de mim ou com os quais me relaciono
diretamente e que de repente me falam deles. Eörsi István,
que traduziu poemas meus para o húngaro, escreveu-me
contando que após o falecimento de sua mãe, que o
abatera muito, encontrou ajuda justamente nos meus
poemas pessimistas. É claro que há poemas que contêm

uma certa crueldade. Mas é uma crueldade tanto contra mim mesmo como contra a existência humana em geral. Creio que se trata de uma crueldade que não fere os outros, mas que lhes permite reagir positivamente.

Entrevista publicada em: Schlosser, Horst Dieter e Zimmermann, Hans Dieter (Orgs.). *Poetik [Poética]*. Frankfurt am Main: Athenäum Verlag, 1988.

Ernst Jandl, poetische Werke, hrsg. von Klaus Siblewski
© 1997 Luchterhand Literaturverlag, München, in der Verlagsgruppe
Random House GmbH
© Relicário Edições

CIP –Brasil Catalogação-na-Fonte | Sindicato Nacional dos Editores de Livro, RJ

J33e Jandl, Ernst

Eu nunca fui ao Brasil / Ernst Jandl ; traduzido por Myriam Ávila. - Belo Horizonte, MG : Relicário, 2019.

168 p. ; 14cm x 21cm.
ISBN: 978-85-66786-89-7

1. Poesia austríaca. 2. Língua alemã. 3. Ernst Jandl. I. Ávila, Myriam. II. Título.

2019-238

CDD 833
CDU 821.112.2-3

COORDENAÇÃO EDITORIAL Maíra Nassif Passos
PROJETO GRÁFICO & DIAGRAMAÇÃO Ana C. Bahia
REVISÃO Lucas Morais

RELICÁRIO EDIÇÕES
relicarioedicoes.com
contato@relicarioedicoes.com

1ª edição [2019]

Esta obra foi composta em Tiempos Headline
e Founders Grotesk sobre papel Pólen Soft 80 g/m²
para a Relicário Edições.